다시 봄날을 그리며

다시 봄날을 그리며
강진구 제4시집

초판 1쇄 발행 2025년 5월 19일

지은이 강진구
펴낸이 장길수
펴낸곳 지식과감성#
출판등록 제2012-000081호

교정 이주연
디자인 강샛별
편집 강샛별
검수 김지원, 이현
마케팅 김윤길

주소 서울시 금천구 벚꽃로298 대륭포스트타워6차 1212호
전화 070-4651-3730~4
팩스 070-4325-7006
이메일 ksbookup@naver.com
홈페이지 www.knsbookup.com

ISBN 979-11-392-2599-0(03810)
값 12,000원

- 이 책의 판권은 지은이에게 있습니다.
- 이 책 내용의 전부 또는 일부를 재사용하려면 반드시 지은이의 서면 동의를 받아야 합니다.
- 잘못된 책은 구입하신 곳에서 바꾸어 드립니다.

지식과감성#
홈페이지 바로가기

다시 봄날을 그리며

강진구 제4시집

차 례

시인의 말 10

제1부 다시 봄날을 그리며

봄이 지나면	14
아마란스	15
복사꽃	16
다시 봄날을 그리며	18
사람에게 필요한 땅	20
농사 일기	21
참깨와 비둘기	22
씨앗이 껍질을 벗고 세상에 나오듯	24
정(情)	25
마늘밭	26
돼지감자	27
단비	28
환골탈태	29
참새	30
반려 식물	31

이슬처럼 작은 것	32
새싹의 꿈	33
고양이	34
벚나무의 슬픔	35
생일 편지	36
마지막 순간	38

제2부 손녀의 꿈

손녀의 꿈	42
숨바꼭질	43
깨끗함	44
소멸(掃滅)	45
여유	46
모비 딕	47
사랑하는 사람	48
선택	49
어머니의 맛	50
삶	51
원숙함을 위하여	52
MBTI 심리 검사	53
몰래 주는 사랑	54
틈	56

반보기보다 못한 만남	58
자서전	60
아는 만큼 보인다고요?	61
까치집	62
무화과나무	63
봄나물	64
명당 커피 카페	66

제3부 내 청춘의 "큐"

순수	70
맷돌 호박	71
가 보지 않은 길	72
조롱박	74
가을이 간다	76
가을 편지	77
코스모스	78
꿈	79
선택	80
통과 의례	81
경로석	82
팔자 공부	83
내 청춘의 "큐"	84

길	85
무소식	86
시 쓰는 늙은이	87
닿을 수 없는 나뭇가지 끝	88
기도	89
삶의 시작과 끝	90
늙어 갈 용기	91

제4부   달맞이 공원

월명산	94
달맞이 공원	95
인간 스펀지	96
잣눈	97
월야탁족(月夜濯足)	98
인구 절벽	100
핸드폰	101
가까이하기엔……	102
한반도 배꼽	103
째보선창	104
악연	105
내일	106
고목생화(枯木生花)	107

A를 사랑한다	108
우리 다시 보지 말아요	109
멀리서 온 소식	110
영화 '샤인'	111
나이의 그림자	112
헬렌 켈러와 앤 설리번	113
후회 없는 이별	114
노인과 바다	115

시집 해설

생각 없는 세상에 대한 조용한 외침	117

- 『다시 봄날을 그리며』 해설 / 김관식(시인, 문학평론가)

시인의 말

시는 배워서 쓸 수 있다는 것이 아니라는 사실을 자꾸만 되뇌게 한다. 선현들의 글을 읽으면서 깊은 자기성찰이 먼저라는 줄기를 잡을 수 있었다. 내적 성찰이 부족한 글이 남에게 감명을 주기란 어렵다. 또한 시에 대해 공부한 적도 배운 적도 없이 누구나 시를 쓸 수 있지만 누구나 시인이 되기란 어렵다는 생각을 하게 되었다. 진정한 시인이 되기 위해서 사회와 인간에 대한 폭넓은 안목을 갖는 한편, 앞으로 나아가야 할 방향을 제시하는 일에도 관심을 가져야겠다. 생각 없는 세상에 대한 끊임없는 사색과 행동에 아직은 부족한 면이 많지만 더욱 분발하고자 한다.

격동의 2025년 3월을 보내면서 적과 흑, 좌우, 상하를 어우르는 냉철한 시대정신이 살아 있기를 기도한다. 누구나 맞이하는 일출, 일몰이 나의 조그만 농장에도 어김없이 비추기를 바랄 뿐이다. 혹독한 추위를 이겨 낸 마늘이 건재하다. 매화의 향기도 고통스러운 추위로부터 나온다. 봄은 어김없이 다시 올 것이다. 이미 내 곁을 떠난 사랑하는 사람들, 여전히 내 곁에 있는 듯 없는 듯 건재한 허물없는 이웃들, 언제나 응원의 손길을 마다 않는 가족에게 감사할 뿐이다.

2025년 3월 해 뜨는 농장에서 강진구

제1부

다시 봄날을 그리며

봄이 지나면 / 아마란스 / 복사꽃

다시 봄날을 그리며 / 사람에게 필요한 땅 / 농사 일기

참깨와 비둘기 / 씨앗이 껍질을 벗고 세상에 나오듯

정(情) / 마늘밭 / 돼지감자 / 단비 / 환골탈태

참새 / 반려 식물 / 이슬처럼 작은 것 / 새싹의 꿈

고양이 / 벚나무의 슬픔 / 생일 편지 / 마지막 순간

봄이 지나면

씨앗을 뿌리면서
가을을 생각한다
뿌린 대로 거둔다는 말이
어쩐지 낯설다
온갖 궂은 세월을 견뎌야 한다
부지런한 사람을 만나야 한다
무엇보다 스스로 강해져야 한다

이제 긴 겨울도 이겨 내야 한다
양식을 두고도 찾지 못하는
다람쥐가 있다
눈 덮인 산과 들에서
굶주리는 야생이 있다
누구든 삶은 고귀하다
두 발로 땅을 밟으며
이 봄날에 허리를 굽힌다

아마란스

붉고 노란 꽃을 화려하게 피워 낸
아마란스가 내 키보다 크다
한 가지에 50만 개 넘는 씨앗을 품은
'영원히 시들지 않는 꽃'답다
이 세상 영원한 것이 있다면
믿고 싶다
이 작고 가냘픈 씨앗 한 톨이
몇천 년을 이어 온 것처럼
우리에게도
사랑과 믿음, 소망이 불변하기를

안데스에서 내 조그만 농장까지
'변치 않는 사랑'
'거짓 없는 삶'
'우리 모두를 즐겁게 하는 일'이
알알이 맺혀 있다

복사꽃

복숭아나무가
태풍에 쓰러졌다
지난봄 화사하게 흩날리던 꽃잎이
그리도 좋았는데 다시 볼 수 있을지
수백 년 우리 땅에서 사랑과 미움을
함께한 복사나무
사당과 집 안에 심지 않고
제사상에도 천대받던 복숭아가 아닌가
이제 인간과 자연이 바뀌어
남자가 여자 되고
여자가 남자 되는 세상이다

바람아
제발 멈추었으면 좋겠다
어떻게든 살아남도록 기도한다
세월이 흐르는 동안
사랑을 맺어 주고

삶과 죽음을 간직한 채
오늘도 뿌리내리며
내일을 준비한다

다시 봄날을 그리며

라디오를 켭니다
신문을 펼칩니다
TV 채널을 돌립니다
쉴 새 없이 핸드폰을 들여다봅니다

아직도 읽지 못한 책들이
서가에 꽂힌 채 먼지가 쌓입니다
언제 내 안에 들어올지는 나 자신도 모릅니다
수많은 사연들을
쉽게 이해할 수 없습니다
마치 강 건너 가 보지 못한 동네를
배 없이 가려는 무모함이 부끄러울 따름입니다

후회 없는 일생을 보낸 분들이 있을까요
오직 최선을 다한 시간들로 충만한 기쁨을
마음껏 누린 게 아닐까요

봄이 왔지만 봄 같지 않다는
시구를 생각합니다
다시 봄이 오겠지요

간절한 희망이
가슴 깊은 그리움이 오기를

사람에게 필요한 땅

일찍이 톨스토이는 인간의 욕심을 경계했다
지나친 탐욕이야말로 파멸에 이르는 길이라고
짐승들은 과식으로 몸을 망치는 일이 없다
인간에게만 소화제가 있다는 것은 슬픈 일이다
잠시라도 고개를 들어 창밖을 보라
봄이 되어 온갖 풀들이 일어서고 꽃을 피우는
산과 들을 보라
풀은 욕심이 없다
그저 바람 부는 대로 눈보라 추위를 견디며
제자리를 지킨다
누가 나를 잡초라 업신여기는가
누가 내 꽃이 볼품없다고 말하는가
감히 나를 두고 사랑을 얘기하지 말라
거친 땅이지만 나는 믿음과 진실
성실 하나로 이웃과 함께했다
거짓과 위선으로
괴로움 가득 안고 살 것인가
나에게 필요한 땅이 세 평이면 족하지 않은가

농사 일기

해마다 밭작물 종류가 다양해진다
초보 농사꾼은 남 따라 하기도 벅찬 일이다
전년도에 적어 놓은 농사 일기가
큰 도움이 된다.
10월 중순에 파종한 마늘, 양파의 수확량이
제법이다
영하 10도 내외의 추위를 견디고
봄에 싹이 나는 생명력에 놀라울 뿐이다
흔히들 주인의 발자국 소리를 듣고
작물이 자란다는 말이 있듯이
봄여름에는 부지런함이 제일이다
농사 일기를 넘기며 1년 농사가
때를 잘 맞추어야 하는
우리의 삶이 아니던가

참깨와 비둘기

작년에 실패한 참깨 농사
금년에 다시 한번 도전했다

이웃 경험 많은 노인장이
'여보게, 농사는 씨 뿌리는 것도 중요하지만
거두어들이는 일이 더욱 중요하다네'
충고 겸 경험담을 듣고 보니
옛날 우리 어른들의 1년 12달이
농자지천하대본(農者之天下大本)이다

'비둘기가 다녀가면 참깨를 수확한다'라는
말씀을 잊지 않았기에
올해 참깨 수확을 제대로 했다
봄에 씨 뿌리고 가을에 거두는
평범한 농법일지라도 가벼이 보지 말라
'때'를 아는 일은 농사뿐만이 아니다
사람이 철들어 분수를 알고

한평생 안고 가야 할
숙명이 아니겠는가

씨앗이 껍질을 벗고 세상에 나오듯

세상엔 신기한 일이 많아요
지구상에 존재하는 만물의 생명은
그들 나름대로 끈질긴 노력 덕분이지요
자그마한 텃밭에 뿌린 씨앗이
모두 일어나 기지개를 켜고 있어요
얼마나 고마운 일인가요
단단한 씨앗이 수많은 고통을 인내하며
껍질을 벗고 세상에 나오듯
이 땅의 어머님들에게
힘찬 응원을 드립니다

정(情)

이앙기 소리가 요란하다
품앗이로 떠들썩하던 풍경이
사라진 지 오래다
못줄 잡는 일도
아픈 허리 잠시 쉬며
새참 먹는 정겨운 이들의 시끌벅적한
소리도 잊힌 지 오래다
여든 넘은 얼굴에 깊게 파인 주름이
모심는 줄처럼 굵고 선명하다
다시는 되돌릴 수 없는 과거의 흔적
따뜻한 정만큼은
놓고 싶지 않다

마늘밭

조그만 농장에
마늘밭을 만들었다
10월 하순경에 종자를 심는 정성이
마치 어린 아기 밥 주듯 하다
자 이제부터는 네가 알아서 커야 된다
온갖 궂은 날씨는 물론
눈보라와 영하의 추위에도 너 혼자
겨울을 견뎌야 한다
동면의 계절이 지나고 3월 봄이 오는 순간
기적과 같이 푸른 싹이 보이기 시작한다
성공이다
고맙다
얼어 죽지 않고 그 모진 역경을 이겨 내다니
인생 역전의 드라마를 보는 듯하다

돼지감자

먹거리 넘치는 요즈음
귀한 대접은 고사하고
천덕꾸러기 신세다

결국
밭 가장자리
눈에 잘 띄지 않는 곳에
자리한 신세

기다리고 참으며
네 할 일 다 하거라
언젠가 네가
환생은 아니더라도
너의 진가를 알아주는 이
있으리라

단비

수개월 가뭄이 들어
대지가 메마르다 못해 식수마저 어렵다
천수답으로 농사짓던 옛날은 아니지만
사철 농사가 근본인 농민들은 걱정이 많다
비닐하우스에 떨어지는 빗소리가 조용하다
분명 이슬비지만 반갑고 고마운 비다
봄비가 고마운 건 어찌 농사일 때문이겠는가

이슬비는 맞을 만하다
우산이 귀하던 시절
우산 없이 먼 길을 걸었다
예나 지금이나 이슬비는 추억이요 사랑이다
하늘이 그림이 되어
떠나보낸 정겨운 얼굴이
안개처럼 떠오른다
우리 행복하자고 다짐했던 모습이
기쁨 되어 내리는 단비다

환골탈태

올해 고추가 예년과 달리 많이 열렸다
이뿐만 아니라 어찌나 튼실한지 모르겠다
장마를 견디고 탄저병 등 병충해를 잘 이겨 냈다
고추 전용 건조기에 55시간을 세팅해 놓았다
시대가 많이 변했다
옛날 같으면 멍석에 몇 날 며칠을 말리느라
집안 어른들 고생 많이 하였다
예나 지금이나 조그만 텃밭 농사라도 쉬울 리는 없다
땀으로 온몸을 적시면서 심을 때 심고
거두어들일 때 거둬야 하는
농사의 기본은 변치 않았다
이틀 하고도 7시간 뒤
잘 건조된 고추가 탐스럽다
또 다른 모습으로 환골탈태하면서
하우스 안은 고추 마르는 증기 냄새로 가득하다
빨갛게 익은 고추가 내뿜는 숨소리에
본분을 다하는 생(生)을 본다

참새

오늘도 참새를 볼 수 있어 좋다
너른 들, 맑은 공기와 햇빛이
놀이터 겸 쉼터를 지켜 주고 있다
그들도 알 수 있을까
내가 너를 볼 수 있다는 것이 얼마나
고마운 일인지를
입하가 지나고 성큼성큼 모내기 철
사람 소리 대신 요란한 굉음으로 가득한
멋없는 풍경일지라도
시원한 바람이 익은 얼굴을 식혀 준다

쌀이 남는 경제 사정이 어떻든
땀 흘려 지은 곡식 농사
사물놀이 온 동네 휘젓고 다닐 때
참새 방앗간 소리 듣기 싫어
대나무 숲에서 숨죽여 지냈던 날들
풍년 기쁨 누리고 싶었는데
내일도 참새를 볼 수 있을까

반려 식물

베란다 하얀 겨울앵초가
모진 추위를 견디었다
마지막 잎새처럼 희망을
선물한 걸까
이중창을 하고 강추위를
막아 준 것 말고는 해 준 게 없는데
기특하고 어여쁘다
돌봐 주지도 말을 건네지도 못했지만
너의 친구가 되고 싶었다

외로움을 나누며
너를 닮고 싶다
불평과 짜증, 시기와 질투를 멀리하고
시간을 기다릴 줄 아는
너를 닮는 일이
결코 쉬운 일이 아닐지라도

이슬처럼 작은 것

새벽이 밝아 옵니다
햇빛이 모두 좋은 건 아닙니다
이슬처럼 작고 연약함은
남은 시간이 얼마나 될까요
하지만 걱정하지 않을게요
새와 벌, 나비에게 부탁할게요
내일 해가 다시 비출 때까지
시간은 많아요

새싹의 꿈

옛 꿈은 중요하지 않아요
놀랍고 마음이 열리는 안도감
정상을 향한 발걸음의 속도
못다 한 시간이 열리고
기도와 인내심으로
피어오르는 꿈

모든 것을 감싸 주는
대지의 넉넉함과 사랑

마침내 나 자신의 마음이
새싹처럼 피어나는 꿈

고양이

고양이 한 마리가
잠자고 있을 줄이야
농장 하우스 문을
열고자 했을 뿐인데

한밤중에 무슨 일이 있었는지
물었어요
가장 잘 알지만 비밀이에요
들에서 산 지 오래지만
이곳에 자리한 후
먹을 것, 추위 걱정 덜해요
하지만
문 앞보다는 뒤쪽이 편할 것 같아요

벚나무의 슬픔

농장 길가에 벚나무 세 그루를 심었다
2, 3년 지나니 제법 튼실한 수형을 갖추었다
이제 금년 봄에는 멋들어진 벚꽃을 볼 수 있겠구나
그런데 기대만큼 꽃이 만발하지 못했다
벚나무 표피에 수액이 흐르는데
각종 벌레들이 모여들어 상처를 내고
갉아 먹은 구멍 난 잎은 누렇게 변하였다
벚꽃은 나름대로 일 년 중 단 한 번 열흘 동안 자신을
위한 선물을 준비하여
가장 화려한 옷으로 존재를 알린다
벚꽃 아래서 사랑을 나누는 젊은이에게
축하의 메시지를
공해와 벌레로 고생하는 벚나무에게는
위로의 말을 전하고 싶다

생일 편지

20년 넘게 해마다 생일을 기억하고
편지를 보내는 이가 있다
같은 학교에서 근무했다는 인연
나는 변했는데 그는 변하지 않았다
세월이 흐르면서 나를 기억해 주는 사람이 많지 않다
나는 어떠한가
먼저 다가서야 한다는 평범한 이치를
가볍게 지나친 탓일 게다
인연의 끈을 붙드는 건
우리의 흔적이 아름다운 다큐라는 생각
웃음과 재치, 눈물겨운 감격이 4월의 벚꽃처럼
만발한 정경이 아니던가
칠순을 훌쩍 넘긴 노인은
젊은이에게 배울 게 많다
젊은이들이 부럽다
젊은 그대들이 가장 사랑스럽다
새싹이 자라 왕성한 열매를 맺는

자연의 순리를 알기에
오늘도 감사하고 기도한다

마지막 순간

안톤 체호프가
샴페인 잔을 비우고
웃음 띤 얼굴로
'오랜만에 마시는 샴페인이군'
그리고 자리에 누운 다음
세상을 떠났다

누구나 마지막 순간이 온다
언제일까
두렵지만
죽음 수업이 필요하다

제2부

손녀의 꿈

손녀의 꿈 / 숨바꼭질 / 깨끗함 / 소멸(掃滅) / 여유

모비 딕 / 사랑하는 사람 / 선택 / 어머니의 맛

삶 / 원숙함을 위하여 / MBTI 심리 검사

몰래 주는 사랑 / 틈 / 반보기보다 못한 만남

자서전 / 아는 만큼 보인다고요? / 까치집

무화과나무 / 봄나물 / 명당 커피 카페

손녀의 꿈

스스로 잠든다는 게
바로 이것이구나
하품 한 번 하더니
머리를 어깨에 기대어
눈을 감는다
자장가 노래 한두 번에
저만의 꿈 여행 하겠지

부디
네가 하고 싶은
즐겁고 행복한 일이
꿈이 되길 바란다

앞으로 네가 살아갈 세상
아무도 모른다
나 역시 가 보지 않은 길
희망을 가슴에 품고
용기 있게 나아가길 기도한다

숨바꼭질

다섯 살 손녀가 가장 좋아하는 놀이는
숨바꼭질이다
내가 두리번거리며 찾지 못하는 게
놀이의 핵심이다
마치 엉덩이 내놓고 얼굴만 묻는
타조가 아닌가
내가 열심히 찾는 모습을 상상하며
재빨리 자리를 옮겨 숨는다
놀이의 두 번째 즐거움은
찾는 타이밍에 있다
인내가 필요하다

철이 들 무렵 숨바꼭질이
재미없는 날이 오겠지
철 따라 변하는 세상
난 누구와 숨바꼭질하게 될까

깨끗함

팔이 아파 병원을 찾았다
생전 처음 정형외과에서
X-ray 사진을 찍었다
사진 속 관절 부분이 선명하다
테니스엘보라고 한다
의사는 '깨끗하다'라고 말했다
별다른 조치 없이 알약과
바르는 약을 처방했다
애매한 표현이지만
일단 염려할 정도는 아니란 뜻인가
내가 엄살을 부렸는가

깨끗한 몸 못지않게
깨끗한 생각도
사진을 찍을 수 있다면 좋겠다

소멸(掃滅)

무시무시한 말이다
인구 급감으로
멀지 않은 날에
유령 마을이 된다면
나의 흔적은 어찌 될까

인간이 자연과 함께
행복을 꿈꾸던
수만 년 인류 역사는 답한다
사랑이 답이라고

오늘
우리가 묻고자 하는 것은
소멸이 아니라
너와 나의
진정한 관계라고

여유

늘 마음 넉넉한 이가 부럽다
누가 뭐래도 느긋하게 안아 주는 이가
믿음직하다
언제나 웃음 띤 얼굴로
변치 않는 다정함이 좋다
간혹 억지를 부릴지라도 두 손 맞잡고
찬찬히 들어 주는 너그러움이 좋다
제때 소식을 전하지 못했더라도
무소식이 희소식이라고
빙그레 웃는 모습이 고맙다
힘든 일이 있을 때
잘 들어 주며 자기의 일처럼
마음 아파하던 그가 그립다
무엇보다
나에게 여유를 보여 주던
그 모습이 보고 싶다

모비 딕

1851년 신화 속의 괴물 고래가
탄생했다
인간의 모험심과 광기를 시험하듯
고래와 선장의 생사를 건
혈투는 계속된다
그러나 결국 선장은 최후에 고래와 함께
바닷속으로 사라진다
포경선도 선원들도 모두 수장된다
한 인간의 집착과 광기 어린 복수심이
모두를 파멸로 빠뜨린 것이다

우리 사회의 크고 작은 곳에서
먼저 가는 사람이 있기 마련이다
앞서 가는 이여
발자국을 잘 남기세요
뒤따르는 수많은 착한 무리가
있음을 잊지 마세요

사랑하는 사람

'지켜 줄게'
젊은이 사랑만큼이나
귀하고 믿음직한 말이다
이 세상 무엇과도 바꿀 수 없는
자신을 내던지는 말 한마디
너와 나 사이에
내가 바라고 또한 원하던 한마디
언젠가 고목에서 잎이 돋듯
언 땅에서 기지개를 펼 날을 기다리며
어둡고 긴 터널을 건너는 이들
우리가 연인이라면
하늘에 감사하고
우리가 친구라면
이 땅에 감사하고
우리가 가족이라면
이 세상 자연과 함께
서로가 지켜 주는 사랑을 잃지 않기를

선택

사랑받는 보석은
자신을 갈고 닦는 아픔을 간직하고 있다
이는 오로지 자신의 의지와는 별개다
낯모르는 이들에게
온몸을 맡기는 것이다
자신이 가지고 있는 고유한 빛깔로
태어나기 위해서이다
어느 시대 어느 곳에서
자신을 던질 것인가는 선택이다
오늘의 선택이 내일의 운명인가

이 시대를 함께하는 평범한 이들에게
무겁고 슬픈 현실이다

어머니의 맛

작년에 심은 가죽나무 두 그루가
잎이 무성하다
아내의 어릴 적 향수가
젖어 있는 나무다
장모님이 해 주신 가죽나무 나물은
그 기억의 끈이다
별다른 재료 첨가 없이 만든
나물무침의 향은 독특하여
씹을수록 쌉쌀하고 고소하다
어릴 적 추억에 남은 것 중
가장 행복한 것은 잊지 못할 맛이 아닌가
슬픔과 기쁨이 있는 맛이
몸 전체에 자리하고 있다

삶

오늘도 손님이 왔다
반가울 수 없지만 그리 밉지는 않다
전깃줄에 앉아
널브러진 땅콩껍질을 굽어 본다
어제 잘 먹은 탓일까
아니면 오늘 메뉴를 확인하는 걸까
조급하지 않고 여유가 있다
기다림과 때를 안다
선택과 집중에 능하다

늘 현실은 불완전하고
미래 역시 변화의 물결이
넘치고 있다
곁에 머물던 사람이 그립다
언제나 마주하던 풍경이
낯설다
충분히 듣고 세심히 살피며
가슴 뛰는 일에 다가가자

원숙함을 위하여

누구나 인생의 시작과 끝이 있다
소년과 청년, 그리고 장년을 거쳐
노년에 이른다
일찍이 옛 시인은
노년은 원숙함이라고 노래했다
푸르름을 마감하며 자신을 온전히
물들이는 나무들
철이 되어 아낌없이 자신을 내어 놓는
자연의 결실은 아름답고 숭고하다
비바람과 인생의 아픔에도
오직 한 가지 원숙함은 무엇일까
기도한다
제발 무기력하지 않기를
젊은이 같은 노인으로 살아가기를

MBTI 심리 검사

수많은 사람을 단지 16개 유형으로
성격을 분류한다는 것은 흥미롭다
결과에 따라 많은 이들이 검사 결과에
자신의 성격을 고정시키거나 적어도
그에 맞추려고 한다
그러나 선천적인 선호 경향은
환경에 따라 변화가 무궁하다

일찍이 소크라테스는
'너 자신을 알라'고 설파했다
결코 남과 비교하지 않고
자신의 길을 가야 한다는
평범한 가르침이다

가치 있는 인생이란 무엇인가
정답이 없는 삶의 무게를
스스로 감당할 수 있도록
몸과 마음을 가꾸는 일이 아닐까

몰래 주는 사랑

언제나 앞만 보고 가야 하는 줄 알았습니다
존경하는 선생님 또한 미래의 주인공을
강조하였습니다
그간 나름대로 세상을 살아가는 이유가
되기도 하였습니다
그런데 여기 깊고 깊은 어머니의 사랑이
있습니다

집 나서는 아들의 구두끈을 매어 주고
낡은 구두를 닦아 주며
오늘도 깨끗이 살라고 하십니다
아껴 쓰던 토큰 몇 개를 손에 쥐여 주던
그 모습에서
애기똥풀을 생각합니다

비정한 부모의 이기적 사랑에 가슴을 칩니다
우리가 눈을 떠 세상을 바르게 살아가는 것은
배움이 전부가 아니었습니다
그 어떤 물질의 풍요도 아니었습니다

어미가 알에서 깨어난 새끼의 눈이 뜨이도록
노란 즙을 물어 눈에 발라 주며
지극정성을 다 합니다
어머니의 사랑은 결코 요란하지 않습니다

틈

사랑하는 사람은 늘 어둠 속에서 온다
좀처럼 내색하지 않는
조그만 존재로 빛을 향한다

서로를 누구보다 잘 아는 우린
과장하지 않아도 된다
작고 적을수록 더 가까이
다가갈 수 있으니까

언제나 한 손 내밀면 맞잡을 준비가
되어 있는 당신은
세월이 흘러도 변치 않는
완벽한 수학의 공리처럼 단단하다

결국
그 완벽한 틈
아주 조그만 공간 속에서
새어 나오는 아름다운 빛이
우리의 진실을 비추고 있다

반보기보다 못한 만남

먼발치에서 그리도 보고 싶던
어머니를 보는 순간
딸은 울음을 참지 못한다
시집온 지 몇 해 만인가
시댁과 친정의 중간
칠월 칠석의 오작교도 아닌데
그저 눈물만 흘린다
할 말 물을 말 넘치도록 많지만
속 깊은 곳에 담는다

애야, 몸은 괜찮니?
엄마! 엄마! 다음 말을 잇지 못하는
두 모녀의 상봉이 애처롭다
그래도 서로 얼싸안고
얼굴 부비며 어루만지는
정 깊은 모습이 다행이다

홀로 요양원에 남겨 둔 채
그리운 식구들과 생이별을 견디는
어머니는 무슨 죄일까
자녀들의 아픔은 무슨 벌일까
반보기보다 못한 만남에
생각이 많아진다
건강, 가족, 만남 그리고 사랑

자서전

내가 걸어온 길이
내가 걷는 길이
내가 걸어야 할 길이
한 폭의 수채화로 다가선다

어둡고 암울했던 과거를 떠나
희망이 넘치는 미래를 향하는
어느 하나라도 거짓일 수 없는
삶의 궤적이다

오늘을 열심히 살아야 하는 이유
비록 무거운 짐일지라도
나만의 자존심이
버티고 있다

아는 만큼 보인다고요?

하루하루를 힘들게 보내는 이들이 있습니다
다가올 시간이 두려워 피하고 싶을 뿐입니다
매일이 고통이고 사람이 무섭습니다
눈조차 단 몇 초도 마주치지 못합니다
따뜻한 손길이 닿지 않습니다
얼마나 시간이 흘러야 할까요
글쎄요 우리가 아는 것이 얼마나 될까요
아는 만큼 보인다고요?
너무나 이기적인 말이 아닌가요
일생 배우지 못한 이들에게는
정녕 희망이 없다는 말인가요
우선 눈을 크게 뜨는 일
그리고 천천히 주위를 편안하게 볼 수 있다면
보는 만큼 알 수 있지 않을까요

까치집

높은 아까시나무 위에 까치집이
둥그렇게 걸쳐 있다
전망이 고층 집 못지않다
집 짓고 새끼 돌보는 정성이
비바람을 막아 준다

까치는 죽은 나무에는
집을 짓지 않는다
나름대로 삶의 지혜다

무화과나무

여자가 그 과실을 따 먹고
자기와 함께한 남편에게도 주었으니
그들의 눈이 밝아 자기들의 벗은 몸에
무화과 잎을 엮어 치마를 하였다
창세기에 나오는 이야기다

자신의 부끄러움을
아는 일엔 진정한 용기가 필요하다
무화과나무의 가지가 연하게 되고
새싹이 날 때 봄이 찾아온다

봄나물

눈보라에 꽁꽁 언 겨울 땅 흙속에서
뿌리를 단단히 지탱했다
혹독한 추위를 견뎌 낸 나물이 차례로
봄을 부르고 있다
처음 한두 가지 나물이 해가 갈수록
식구가 늘어났다
이른 봄 냉이와 달래가 처음 식탁에 오른다
냉이된장국, 달래장이 쌉싸름한 그 맛을 잃지 않았다
앞으로 선보일 봄나물이 줄을 서 있다
명이, 방풍, 씀바귀, 머위, 민들레, 부추, 쑥, 두릅, 고들빼기 등
이름이 다르듯 각기 다른 향과 고유의 맛이 있다

봄과 함께 생명을 일깨우는 그들만의 자존심이 있다
과거와 현재를 잇는 징검다리로
온고지신을 일깨운다
이제 다시 찾아온 행복한 봄맞이 선물로

나와 너, 우리들 모두에게
희망을 안겨 줄 것이다

명당 커피 카페

마트 옆에 있는 카페를
내가 좋아하는 이유가 있다
종업원 아가씨의 환한 얼굴,
깨끗하고 밝은 정다운 목소리
장소가 넓어 언제나 넉넉하고
여유가 있는 곳
커피 원두의 향과 함께
에티켓 시간이 허용되는 곳

농장에서 가까운 점도 있지만
주 1~2회 마트에 들러 장을 보고
들르기에 좋다
가끔은 혼자서 책도 보고 시를 쓴다
메모를 펼치며 나만의 상상의 세계에서
글을 쓰는 장소가 되었다
회원 한 분이 동화 한 편을 쓰기 위해
며칠을 카페에 출근하다시피 했다는데
이해가 된다

누구든 자기 자리를 찾아야 한다
성인의 가르침대로 살기 어려운 세상이다
그러나 평범하고 착한 사람들은 나름대로
자신을 믿고 상대를 존중하며 살아간다
수맥이나 풍수를 몰라도 좋다
자신의 심신이 안정되고
집중이 잘되는 곳이라면
그곳이 바로 명당이 아니겠는가

제3부

내 청춘의 "큐"

순수 / 맷돌 호박 / 가 보지 않은 길 / 조롱박

가을이 간다 / 가을 편지 / 코스모스 / 꿈

선택 / 통과 의례 / 경로석 / 팔자 공부

내 청춘의 "큐" / 길 / 무소식

시 쓰는 늙은이 / 닿을 수 없는 나뭇가지 끝

기도 / 삶의 시작과 끝 / 늙어 갈 용기

순수

시오리 눈길을 걸었다

잡은 손이 따뜻하고
오가는 말이
하얀 눈을 닮았다

어떨 땐 생각 없는 말이
더욱 깨끗한지도 모르겠다

그날 이후

그 누구에게
순박하고 여린 마음으로
다가선 적이 있었는지

맷돌 호박

여름내 돌보지 않았다
비 오면 알아서 물을 먹고
바람 불면 껍질 단단히 여미며
나름대로 열심히 살았다

골진 모습이 정겹다
선명히 떠오르는 할머니 얼굴이다
주름이 이리도 예쁘고 아름다운지 몰랐다
은근하고 따뜻한 웃음이 있었다

알찬 속을 드러내지 않아도
우리는 안다
그 깊고 선명한 주름엔
깊고 달콤한 사랑이 있었음을

가 보지 않은 길

누구나 갈 수 있다면
그건 새로운 길이 아니겠지요

수많은 생각을 했겠지요
익숙하고 낯익은 일상을 뒤로하는 일이
쉽지 않았을 거예요

어렵게 내린 결정에
이 세상 가장 운명적인 한 사람과
같이할 수 있어 부럽기도 합니다

20년을 자연과 함께한 니어링의 실험이
우리에게 많은 영감을 줍니다
갈 수 있는 길은 모두 열려 있지만
누구나 다가갈 수 없는 길

단순하고 조화로운 삶에 정신이 맑아집니다
다만
행복을 찾기 위한 것이 아니라
행복을 만들기 위한 길을 걷고 싶습니다

조롱박

따 놓은 박 모양이 제각각이다
저 자라는 대로 놔두었으니
울퉁불퉁 못난이도 많다

박을 쪼개어 삶아 내니
오히려 반듯한 모양보다
비대칭 모양이 더 정이 간다

나름대로 소용이 있다
큰 것은 쌀통 바가지로
작고 볼품없는 것은 장식용으로
나머진 이웃에게도 건넨다

사람 사는 이치가
조롱박 신세와 같단 생각에
온몸이 숙연해진다

씨앗이 뿌리를 내려 박이 열리기까지
긴 시간을 견딘다
그러나
박의 마지막 순간은
뜨거운 물속에 자신을
던지는 일이다

더욱 단단해지고 쓸모 있는
본연의 가치를 위해서
원하는 일에
자신을 던지는 박의 일생이
부럽다

가을이 간다

염천이 물러간 뒤
마른 잎이
새 숨을 쉰다

생명을 이어 나가는
가련한 인내와 외로움을 품에 안고
내일을 기약한다

이제 북서풍 차디찬 바람이
이 조그만 땅을 얼게 할 것이다

누구든 깨어 있는 것들은
자연에 순응하는 지혜가 있다

잎과 줄기와 열매가
떨어지고 시들고 꺾일지라도
뿌리 하나는 남겨 둘 것이다

가을 편지

우체국에서 편지를 부친다
큰일을 끝낸 기분이다
정작 편지 받는 상대는
어떤 표정을 지을까
손 글씨 본 지가 오래되어
잘 읽을 수 있을지 모르겠다
번거로울 텐데 웬 고생이냐고
탓할 법도 하다

편지 한 장 쓰느라고
애꿎은 편지지만 수북하다
문장이 없는 건가
아니면 지금도 낯선 당신인가
나뭇잎 물들어 가던
가을의 고운 모습

편지 한 장이 되어
날아오른다

코스모스

바람과 함께
한껏 흔들리는 코스모스를 보면
자꾸만 미안한 생각이 난다
가을의 끝 무렵 알차게 여문
길쭉한 씨앗
포대 가득한 이 많은 씨앗이
고사리 같은 손가락 같다
철없는 아이들이
손 까매지도록 땄던 씨앗
코스모스 꽃길이라는 그날의 기억 때문에
만들어진 코스모스를 보면
자꾸만 고개를 돌린다
반세기를 지나 이제야 우주처럼 드넓은
코스모스 꿈을 꾼다

꿈

모든 게 꿈이라고 믿기엔
아직은 젊음이 거부한다
아무리 지름길을 원한다 해도
내가 원하던 것은
뜬구름이 아니다
내 앞에 펼쳐지는
무수한 별들을 보라

비록 크기가 다르고
깊이가 다를지언정
누구나 이룰 수 있다면
꿈이 아니겠지
진정한 꿈은
실패와 성공을 넘어선다
오랜 기다림 속에서
끝까지 자존감을 잃지 않고
세월을 견딘다

선택

사람 사는 세상
선택을 잘 해야 된답니다
보잘 것 없는 일이라고
소홀히 할 수 없는 일이지요
누구는 부와 명예를
누구는 쪼들리는 일상을 사는 것이
남의 탓이 아니라고
큰 소리로 말합니다
소리가 클수록
마음은 점점 오그라듭니다
외치고 싶습니다
가슴을 칩니다
수많은 이야기가 들려옵니다
질책과 멸시
동정과 위로가 넘칩니다
사람 사는 세상
늘 깨어 있기를 다짐합니다

통과 의례

누구나 한 번은 피해 갈 수 없는
인간의 숙명
하늘의 부름을 받는 일에
많고 많은 현자들의
깨알 같은 사유가 묻어 있다
이 세상 가장 엄숙하고 진지한 의례
가는 이 보내는 이의 소원을
간절히 담아 거두기를

한 시대의 격정과 혼란, 사랑 속에서
살다 간 어머니
권사 김우남
생 1925년 11월 24일
소천 2019년 10월 21일
아버님과 나란히 자리한 무덤 앞
비석을 닦고 닦는다

경로석

난 노인이 아니지
앉으면 안 돼
아직 서 있을 만해

비록 머리칼은 하얘지고
숱 없는 대머리일지라도
모자 눌러쓰면
젊은 아저씨 소리
듣기도 하지

그런데 자꾸만 들려오는 소리

어르신 가까이 오지
마세요
경로석 저기 있잖아요

팔자 공부

생년월일시로 한 인간의 운명을
점치는 사주학은 이제
우리 생활 속에 깊이 들어와 있다
개인의 길흉화복을 묻고 알고 싶은 일은
어쩌면 당연한 일인지도 모른다
무엇을 알고 싶은가
확실한 대답을 얻을 수 있는가
결혼, 취업, 재산, 수명, 명예를 갖고 싶은 이들이
현대 과학 문명에도 존재한다
MBTI가 16개 성격 유형으로 인기다
사주팔자는 무려 50만 개 넘는 경우의 수가 있다
이제 점 보는 일은 미신을 넘어서
한 인간의 진로와 상담이 주가 되는가 보다
어제 만난 친구는 자기가 여태 몰랐던
자기 성격을 알았다며 웃었다

내 청춘의 "큐"

당구의 매력은 무엇인가
고도의 집중력과 근력 운동은 물론
여가 생활의 한 부분이다
공은 당구대 안에서 일정한 궤적을 그리며 구른다
인생에서 내가 가고 싶은 길을 걸어가듯
공 역시 제멋대로 구르며 나아가지 않는다
당구대는 우리가 사는 가정, 직장, 사회이다
당구봉과 당구알은 내가 갈고닦은 적응 능력이다
일정한 규칙과 매너는 사회의 규율과 예의범절이다
어제 처음 만난 청년과 즐겁게 게임을 했다
하얗게 머리가 센 노인과
혈기 왕성한 젊은이와의 게임이
내 청춘의 모습인 듯 귀한 시간이다

길

당구 게임에 빠져서
큰 전쟁에 패한 일화가 있다
당구장이 인기다
특히 장노년들에게 당구장은
쉼터 겸 활동 공간이다
나름대로 길을 잘 찾아야
게임에서 이긴다
그러나 수많은 길 중에 하나가
전부는 아니다
보이는 길이 전부는 아니다

길에서 웃음을 찾고
길에서 희망을 노래하고
길에서 샘솟는 활기를 찾는다
모든 길은 고귀하고 소중하다
누구도 가지 않은 길이면 어떠랴
두려움과 설렘이 밀려온다

무소식

전화벨 소리가 반가울 때가 있다
하루에도 수십 번 울리는 부름에
내가 살아 있음을 실감한다
그런데
어찌 생각하면
이 모두가 내 의지와 감정을
앗아 가 버리는 것 같다
오늘도 까치는 전깃줄에 앉아 있다
몇 마리가 모여 있을 때도 있지만
간혹 혼자인 경우가 많다
멀리 보이지 않는 곳에서
부르는 소리를 들을 수 있다면
금방이라도 날아갈 듯하다

시 쓰는 늙은이

한 노 시인이
커피를 마시며 시를 씁니다
쓰고 싶다 쓰고 싶다
날고 싶다 날고 싶다
문득 독수리가 생각나
눈을 감습니다
바람을 벗 삼아 날개를 펼칩니다
유유히 천천히
지나온 세월만큼 30년을
견뎌야 하는데
멀리 보아야 하는데

높고 험한 가파른 절벽에서
산야를 바라봅니다

닿을 수 없는 나뭇가지 끝

어찌 사는 게 옳은 길이냐고
물었어요
어떤 이는 종교와 철학을 얘기했어요
또 다른 이는 문학과 과학을 말했어요
지나는 거지도 깡통을 두드리며 거들었어요

결국 우리가 가야 할 선택은
한 가지가 아니었어요
인내와 정성
그리고 늘 생각하는 사람으로
같이 살아가요

시간이 흘러
나무가 자라서 울창해지면
나뭇가지 끝을 잡을 수 있을까요

기도

때로는 삶이 힘들기도 합니다
저는 참으로 연약한 존재입니다
힘들 때마다 주님께 의지할 수 있도록
도와주세요
항상 주님이 저와 함께 계시어
힘을 주시길 기도합니다
주님의 능력을 깨달을 수 있도록
도와주세요
작고 연약한 저에게 주님은
저의 반석입니다
어떠한 고통과 시련 속에서도
주님의 능력을 믿게 도와주셔서 감사합니다
항상 제 곁에 머무르시어
제가 주님처럼 빛나기 시작하고
다른 이들을 위한 빛이 되게 하소서

삶의 시작과 끝

생과 사를 목전에서 볼 수 있는 곳
인도의 젓줄이라 부르는
갠지스강 화장터에서
보내는 이의 기도를 듣는다
장례가 엄숙하거나 화려함과는
거리가 멀다
초탈했다는 힌두교 수행자 역시
죽은 자에 대한 최소한의 예의가
있을 뿐이다

강변의 화장터에서
붉은 불길이 치솟는다
태어나 강에서 세례를 받고
강가에서 목욕을 함으로써 원죄를 씻어 내고
윤회와 고통 속에서도 해방된다고 믿어
그 유해를 갠지스강에 뿌린다
힌두교 신자의 종교적인 신앙심이
오랜 시간 강물과 함께 흐르고 있다

늙어 갈 용기

노인 일쾌사(老人 一快事)라고 정약용은 말했다
노인의 한 가지 유쾌한 일은 무엇인가
여유로움과 넉넉함이다
안분지족(安分知足)이 아닌가

왜 남의 인생을 사는가?
왜 나답게 살지 못하는가?
우리의 인생 끝은 어떤 모습이어야 하는가?

아들러는 충고한다
'나이 들면 남을 위해 살아라'

정녕 크나큰 용기가 필요하다
누구나 젊음과 죽음은 피할 수 없기에

제4부

달맞이 공원

월명산 / 달맞이 공원 / 인간 스펀지 / 잣눈

월야탁족(月夜濯足) / 인구 절벽 / 핸드폰 / 가까이하기엔……

한반도 배꼽 / 째보선창 / 악연 / 내일

고목생화(枯木生花) / A를 사랑한다 / 우리 다시 보지 말아요

멀리서 온 소식 / 영화 '샤인' / 나이의 그림자

헬렌 켈러와 앤 설리번 / 후회 없는 이별 / 노인과 바다

월명산

해발 50미터 정도 되는 아담한 산이다
산 밑에 자리한 조그만 동네에서 자란 탓에
산은 친구와 다름없었다
동네 친구들과 산은 놀이터 그 자체였다
낮과 밤을 가리지 않고 오르내렸다
큰 형들이 꼭대기 비석에 앉아 트럼펫을 부는 모습이
눈에 선하다
백구를 키우고 있었는데 새벽이면 늘 같이
산에 오르기도 했다
산과 친구들, 그리고 백구는
우리의 몸과 마음을 늘 새롭게 살찌웠다
정상에서 금강 억센 물결을 굽어보며
마주한 장항 제련소 굴뚝 연기가 마치 정지된 듯한
모습으로 노을과 짝이 되어 그림을 그린다
내륙 쪽으로 고개를 돌리면 아늑한 시내가 한 눈에 펼
쳐진다
그리운 결코 잊을 수 없는 산 아래
고향 마을이 다가온다

달맞이 공원

산책을 하는 날
1시간 반 정도의 낯익은 코스가
부담스럽지 않다
의자에 꾹 눌러 앉아 생각하는
답답함이 없다
무거운 생각을 떨쳐 버리기 좋다
그 옛날 달맞이를 하면서 소원을 빌던
선남선녀들이 부럽다
두 뺨을 바람에 맡기며
둥근달을 삼킨다
나의 바람이 몸속 구석구석
아우성이다

인간 스펀지

어느 뇌 과학자가 두 살배기에게
붙여 준 이름이다
이 세상 모든 것이 신기하기만 하다
누가 뭐래도 내가 처음 대하는 것에
간섭을 받지 않고 싶다
무엇이든 있는 그대로 받아들이고 싶다
왜 자꾸만 어른들은
우리의 자연스러움을 방해하는지

우리는 자연 속에 온몸을 맡기며
나무와 흙과 풀벌레 소리를 듣고 싶다
바람 소리와 일출, 일몰을 보며 마음을 열고 싶다
오랜 시간이 걸려 자연을 알게 된다면
벌거벗은 자연의 생명을
어린이의 스펀지로 모두 담아 두고 싶다

잣눈

겨울을 기다리는 사람이 있다
젊다는 상징이 아닌가
인공눈과는 비교할 수 없는
밤새 쌓인 잣눈이
땅을 덮어 주는 솜이불이다

어차피 겨울을 견딜 거라면
내 어깨의 무거움은
참을 수밖에

오늘노 눈이 내린다
반갑게 맞이할 일이다

월야탁족(月夜濯足)

예로부터 더위를 피하는
갖가지 방법이 내려온다
옛사람들의 더위를 식히는 방법 중
달밤 물가에 앉아 발 씻기가 있다
열대야가 계속되는 여름밤에
상상만 하여도 시원하다
지금은 주위 환경이 개울 보기가 쉽지 않다
자연과 더불어 여름나기엔
도시인에게 꿈같은 일인지도 모른다
삼복더위에
시원한 일은 없을까
옛날 나라에서는 노인들에게
얼음을 나누어 주었다니
폭염에도 살 만한 세상이었나 보다
자연을 거스를 순 없지만
나름대로 시원한 생각을 하기로 했다
후배 영전 소식, 손녀 예능 발표회,

시원한 오이냉국 한 사발,
참깨 털고 땀범벅이 된 몸
지하수로 목욕하기

시간은 말없이 흐르고
어느덧 너른 들 시원한 바람이
하우스 안 8월 달력을 넘긴다

인구 절벽

우리 사는 세상
하트가 넘쳤으면 좋겠다
사랑이 사랑을 낳고
하트가 사랑을 낳고
사랑이 아들을 낳고
하트가 딸을 낳아
모두가 행복해질 수 있다면
세상 온 보람 아니겠는가
우리 사는 세상이 낭떠러지일지라도
늙음과 젊음이
공존하는 아름다움을 향해
자유롭게 날아 보자

핸드폰

폰은 우리 시대 무언의 약속이 되었다
매일 매 순간 서로의 존재를
확인하는 유일한 통로이다
외로운 시간을 안고 지내는
현대인의 동반자
잠시라도 눈을 떼지 못하는 삶이
안쓰럽다
생존의 필수품 아니면
영혼 이탈을 꿈꾸는
21세기의 슬픈 자화상이다

가까이하기엔……

퇴계 이황과 매화 그림이 있는
1,000원권 지폐
봄 물결을 타고 산하에 아름다움을
선사해 주는 매화
꽃 빛깔이 희면서도 푸른빛을 띠는
매화를 사랑했던 퇴계
100편이 넘는 매화 시를 남긴
이황의 고고한 인품이 살아 있다
매화로 맺어진 사랑이었지만
가까이하기엔 너무 먼 어른이었으리라

한반도 배꼽

양구는 한반도의 배꼽이라 불리는
국토의 중심으로 알려져 있다
정월대보름 행사는 옛 추억을 가져온다
윷놀이와 제기차기, 쥐불놀이
그리고 달집태우기는 축제 그 자체이다
국토의 정중앙에서 바라보는 밤하늘은
어릴 적 동네 언덕에서 보았던 모습이다
때 묻지 않은 순수한 자연의 모습이
아직도 살아 있다
까만 하늘에 반짝이는 별 무리가
금방이라도 쏟아지며
옛 친구의 모습이 되어
밤하늘을 수놓고 있다

째보선창

군산에 가면 가 볼 곳이 있다
비록 포구 이름이지만 해학적이다
원래 여러 포구 중 하나로
옛 명성은 사라졌지만
그 이름을 기억하는 이들은 아직도
비린내 나는 선창가를 잊지 못한다

그곳은 언제나 시끄럽고 사람이 부딪히는 곳
가난한 이들이 찾는 노을빛과 석양이 어울리는 곳
그 옛날 최고의 어판장이었던 곳
동네 개도 팔뚝만 한 조기를 물고 다녔다는
이야기는 사실이다

100년 역사를 되살리는 선창가
일제 강점기 이후 민초들의 애환이 담긴
째보선창에 가고 싶다

* 째보선창: 해안 양쪽이 Y 자 모양(지금은 복개 공사로 사라짐)

악연

만나지 않아야 하는
만나지 말았어야 하는
사회면의 비참한 사건들이 안타까워
가슴을 친다
제발 기도하는 마음이
일찍이 순한 이들에게 다가가
그들을 지킬 수 있었다면
얼마나 다행한 일이었을까

내일

이동규는 두 줄 칼럼에서
오늘은 내일의 어제
과거는 오래된 미래
미래는 새로운 현재라고 합니다

인생에서 가장 좋았던 때는
언제일까
학창 시절 마음껏 뛰놀던 때?
사랑하는 이와 함께할 때?
노력한 만큼 훌륭한 직장인이 되었을 때?
모두 의미 있는 답일 것입니다

그런데 성공한 어느 노년의 대답은
'내일'이었다고 합니다
오늘을 열심히 산 사람에게 주어지는
보너스입니다

고목생화(枯木生花)

나무도 생명이 다하는 날이 있습니다
그런데도 죽어 가는 순간에 새로운 생명을 만들기도 합니다
자신의 말라죽은 몸뚱이에 새로운 꽃을 피우기도 합니다
얼마나 신기하고 행복한 일인가요

어떨 땐 한 그루의 나무보다 못한
나 자신을 발견합니다
나무는 비가 오지 않는다고 불평하지 않습니다
춥다고 소리 내어 울지 않습니다
덥다고 짜증 내지 않습니다
그렇다고 인내심이 적은 자신을 탓하지도 않습니다
그런데도 나 자신은
기다리지 못하고 환경을 탓합니다
남보다 많은 걸 받지 못했다고 투정합니다
한 그루의 고목이 나에게 큰 가르침을 줍니다

A를 사랑한다

엄격한 청교도 사회의 율법이
얼마나 가혹한 것인지 보여 주는
'The scarlet letter'
죄와 벌, 구원을 통해
한 인간이 겪는 고통과 참회를 보여 준다
인물들의 심리 묘사와 작품 구성은
'호돈'의 문학적 탁월함이다

헤스터의 참회, 목사의 위선, 남편의 자학은
200년이 흐른 오늘날에도
영혼에 대한 문제를 던져 주고 있다
'죄 없는 자가 먼저 돌로 쳐라'
오늘날 크고 작은 문제에
좀 더 너그러울 수 있다면
세상은 사랑이 넘치지 않겠는가

우리 다시 보지 말아요

병원 가기가 무섭다
하얀 가운을 입은 의사가 더욱 무섭다
내 자료 차트를 보며 설명하는
그의 태도는 자못 자신감이 넘쳤다
과학적인 데이터가 모두 양성 반응으로
향후 다시 내원하지 않아도 된다고
인턴과 가족 앞에서 힘주어 말했다
우리 다시 보지 않아도 되는 걸까

바로 엊그제 옆 병실 노인은
지하실로 내려갔다
생과 사가 엇갈리는
중환자들의 운명이 마치
창문을 두드리는 빗소리 같다

멀리서 온 소식

그 옛날 비산비야(非山非野)
시골 동네에서 땅콩 농사로 연명하던 이들
모든 게 넉넉지 못한 환경에서
'자수성가'할 수밖에 없었던 B
50여 년의 세월이 흘렀다
그가 돌아왔다
부와 명예를 안았지만 그 옛날 모습은
잃지 않았다
많은 이들이 다가왔고
적지 않은 이들이 떠났다
내 인생에서 가장 순수했던
초임 교사의 열정이
나를 깨우는 좌우명이었다

영화 '샤인'

좋은 영화는 많은 걸 깨우쳐 줍니다
미치지 않고는 연주할 수 없다는 악마의 곡
라흐마니노프 3번 교향곡
영화 '샤인'에서 4분여의 연주 장면을
잊을 수가 없습니다

주인공 데이비드 헬프갓은 실존 인물입니다
우리나라에서도 5년 전 재개봉되어
부모와 자녀 간의 소통이 얼마나
중요한지 깨우쳐 줍니다

강요된 부모의 욕심으로 자녀가 겪는
평생의 아픔이 안타깝습니다
자식에 대한 그릇된 사랑을
'샤인'이 일깨워 줍니다

나이의 그림자

평생을 따라다니는
나이의 그림자는 지울 수가 없습니다
누구나 그림자를 가지고 있습니다
오직 태양만이 지울 수 있습니다
나아가서 태양만이
그림자를 줄이거나 늘릴 수 있습니다
숨겨진 재능과 능력을 가진
그림자의 본질은 순금과 같다는 말이
있습니다

해가 기울수록 그림자는 짙어지고
태양이 밝을수록 그림자는
희미해집니다
밤이 되면 빛은 사라지고
내일 떠오를 태양을 기다립니다

헬렌 켈러와 앤 설리번

자신과 싸워 이긴 헬렌 켈러
빛의 천사라 불리는 앤 설리번
둘의 만남은 포기를 모르는 자신감으로
이루어 낸 기적의 승리이다
무엇보다 삼중고에 절망했을 헬렌,
그녀의 곁에서 헌신적인 사랑으로
무엇보다 자신감을 잃지 않도록
온 힘을 다한 믿음과 사랑

설리번이 없었다면 헬렌 켈러가
자신과의 싸움에서 승리할 수 있었을까
가르치는 이의 본분을 일깨워 준
설리번 선생님
오늘의 교육 현실을 염려한다

후회 없는 이별

고인이 남긴 유서에 대해
가족은 물론 지인들은
궁금해합니다
유명인의 임종 후 공개되는
유언이나 유서가 언론에
보도되기도 합니다
대부분 '가족 사랑', '미안함'에 대한 것입니다
물론 금전 문제도 있겠지요
만약에 치매로 유서는커녕
유언도 못하는 상황이라면 많이 아쉬울 겁니다
누구든 언젠가는 떠납니다
마지막 작별 인사
후회 없는 이별이 될 것입니다

노인과 바다

쿠바의 하얀 섬에 가고 싶다
그의 문체는 삶과 죽음 속에서
빛이 난다
'인간은 파멸할 수는 있어도 패배할 수는 없다'
헤밍웨이의 목소리가 들려온다
독자에게 아니 지구상의 모든 이들에게 주는
눈부신 메시지다
인생이란 바다에서
오직 단 한 번의 사투를 벌이는 산티아고의 모습에서
희망과 확신을 본다

시집 해설

생각 없는 세상에 대한 조용한 외침
- 『다시 봄날을 그리며』 해설

김관식(시인, 문학평론가)

1. 프롤로그

강진구 시인이 오랜만에 시집 『다시 봄날을 그리며』를 발간한다. 그의 경력은 다양하다. 한때 교직을 그만두고 여러 사회 경험을 하다가 다시 교사의 길이 천직임을 깨닫고, 복직하여 열심히 노력하여 대학의 강단에서 교직을 마쳤다.

그는 도시 농부가 되어 틈틈이 텃밭에 채소를 가꾸고, 시를 쓰며 알뜰하게 노년을 보내고 있다. 성실하고 알뜰하게 자신의 길을 묵묵히 걸어온 그가 이번에 제4시집을 발간하게 되었다.

최근 코로나바이러스 팬데믹 시대, 사회적인 관계망이 인간적인 정의 관계에서 기능적인 관계로, 가족 단위, 개인 단위로 변질되어 인간은 고립감이 심화된 상황이라고 할 수 있을 것이다. 더구나 최근에 우리 사회는 정치적, 사회적인 크나큰 사건 사고로 걱정거리가 많아지고 있다. 이런 불확실한 시대에 그가 줌 렌즈를 통해 바라보는 달관적인 세상의 진술들을 살펴보고자 한다.

2. 불확실한 시대의 달관적인 세상 조명

1) 자연과의 교감을 소망하는 도시 농부
   – '제1부 다시 봄날을 그리며'

우리나라는 70년대 산업화와 함께 도시화가 이루어져 수도권으로 인구가 집중되었다. 현재 우리나라 전 인구의 2/3가 수도권에 이주하여 살고 있다. 도시는 점차 확장되면서 수천 년 전 조상들이 생활해 왔던 자연 친화의 생활 방식에서 벗어나게 됨으로써, 전통문화의 가치를 경시하고 물질만능 사회로 변질하는 등 극단의 이기적인 사회가 되었다.

강진구 시인은 자신이 살고 있는 도시에 텃밭을 소유하고 있다. 텃밭에 채소와 화초를 가꾸며, 도시 농부 체험으로 아파트의 주거 문화에서 자연과 멀어진 거리감을 해소한다.

"두 발로 땅을 밟으며/이 봄날에 허리를 굽힌다"(「봄이 지나면」)에서처럼 그는 봄날에 허리를 굽혀 농부 체험으로 자신의 삶을 뇌놀아본다. 그러면서 지난해 봄 태풍으로 쓰러진 복숭아나무를 생각하며 세상의 변화를 실감한다. "이 작고 가냘픈 씨앗 한 톨이/몇천 년을 이어 온 것처럼/우리에게도/사랑과 믿음, 소망이 불변하기를"이라며 「아마란스」를 심는다.

라디오를 켭니다
신문을 펼칩니다
TV 채널을 돌립니다
쉴 새 없이 핸드폰을 들여다봅니다

아직도 읽지 못한 책들이
서가에 꽂힌 채 먼지가 쌓입니다
언제 내 안에 들어올지는 나 자신도 모릅니다
수많은 사연들을
쉽게 이해할 수 없습니다
마치 강 건너 가 보지 못한 동네를
배 없이 가려는 무모함이 부끄러울 따름입니다

후회 없는 일생을 보낸 분들이 있을까요
오직 최선을 다한 시간들로 충만한 기쁨을
마음껏 누린 게 아닐까요

봄이 왔지만 봄 같지 않다는
시구를 생각합니다
다시 봄이 오겠지요

간절한 희망이
가슴 깊은 그리움이 오기를

- 「다시 봄날을 그리며」 전문

  봄은 그에게 지나온 과거의 삶을 되돌아보게 한다. 문명의 기기인 핸드폰이 일상화된 현실에서 서가의 책들은 먼지가 쌓여만 간다. "봄이 왔지만 봄 같지 않다는/시구를 생각합니다"라는 말은 현재의 봄맞이와 젊었을 때의 봄맞이와는 현저한 차이가 있음을 실감하는 것이다. 이제 그의 희망은 텃밭에서 농부 체험을 하면서 다시 우리 사는 세상을 희망차게 그려 줄 봄날을 그리고 있다.

그는 「사람에게 필요한 땅」에 대한 사유를 통해 자신이 실천해 왔던 자서전인 안분지족(安分知足)의 생활신조에 대해 자부심을 가지고 "거친 땅이지만 나는 믿음과 진실/성실 하나로 이웃과 함께했다/거짓과 위선으로/괴로움 가득 안고 살 것인가/나에게 필요한 땅이 세 평이면 족하지 않은가"(「사람에게 필요한 땅」)라고 당당하게 말한다.

그는 도시 농부의 체험으로 사람이 살아가는 데 기회를 잘 포착해야 성공적인 삶을 살아갈 수 있다고 말한다. "흔히들 주인의 발자국 소리를 듣고/작물이 자란다는 말이 있듯이/봄여름에는 부지런함이 제일이다/농사 일기를 넘기며 1년 농사가/때를 잘 맞추어야 하는/우리의 삶이 아니던가" 「농사 일기」에서처럼 농부가 근면성실해야 작물을 잘 생육할 수 있다는 깨우침을 준다.

농사는 경험을 필요로 한다. 많은 시행착오를 통해 농사를 잘 짓는 농부가 되는 것이다. 참깨 농사에 대해 이웃 경험 많은 농부의 "여보게, 농사는 씨 뿌리는 것도 중요하지만/거두어들이는 일이 더욱 중요하다네"라는 경험담을 새겨 듣고, "비둘기가 다녀가면 참깨를 수

확한다"(「참깨와 비둘기」)라는 속담대로 제때에 수확하여 참깨 농사에 성공한 경험담을 소개하고 있다.

그는 도시 농부 체험으로 인생에 대한 깨우침을 얻는다. 「씨앗이 껍질을 벗고 세상에 나오듯」 우리가 세상에 태어난 것은 모두 부모님의 덕분이라고 생각하고, 이 땅의 어버이에 대해 "단단한 씨앗이 수많은 고통을 인내하며/껍질을 벗고 세상에 나오듯/이 땅의 어머님들에게/힘찬 응원을 드립니다"라고 격려와 고마움을 전한다.

산업화 이후 농촌의 젊은이들은 모두 도시로 떠났다. 기계화 영농으로 이제 정겨운 농사 풍경을 볼 수가 없음을 그는 다음과 같이 안타까워한다. "못줄 잡는 일도/아픈 허리 잠시 쉬며/새참 먹는 정겨운 이들의 시끌벅적한/소리도 잊힌 지 오래다"(「정(情)」)

그가 자연과의 교감을 희망하는 까닭은 인간의 근원적인 행복한 삶에 대한 갈망 때문이다. 그는 농사를 지음으로써 자연의 이치를 알고 사람이 자연의 이치대로 살아가면 후회 없는 명품 인생을 살아갈 수 있다는 사실을 알고 있다. 「마늘밭」에 마늘 농사를 지으면서 "얼어 죽지 않고 그 모진 역경을 이겨 내다니/인생 역전의 드라마를 보는 듯하다"라는 사실을 깨달았고, 먹거리가 다양하여 천덕꾸러기 신세가 된 「돼지감자」에게 "기다리고 참으며/내 할 일 다 하거라/언젠가 네가/환생은 아니더라도/너의 진가를 알아주는 이/있으리라"라며 인내하고 기다리면 언젠가 알아주는 이가 있다고 위로의 말을 전한다. 그리고 고추 농사의 성공 체험을 진술한 「환골탈태」, 전통 농촌에 대한 향수를 그린 「참새」, 아파트 베란다에 돌보지 못했는데 자라난 앵초에 대한 측은지심을 토로한 「반려 식물」, 도시 농부 체험을 하면서 느낀 인생에 대한 깨달음을 진술한 「이슬처럼 작은 것」과 「새싹의 꿈」, 그리고 농장을 기웃거리는 들고양이에 대한 측은지심을 노래한 「고양이」, 농장 길가에 심은 벚나무 세 그루가 병충해로 인해 잘 자라지 못하는 안타까운 심정으로 감정 이입 한 「벚나무의 슬픔」 등 '제1부 다시 봄날을 그리며'에서는 '자연과의 교감을 소망하는 도시 농부 텃밭 세상' 이야기로 도시 농부의 체험을 통해 깨달은 생각들을 진솔하게 표현하고 있다.

2) 노년기 가족 사랑의 일상 - '제2부 손녀의 꿈'

강진구 시인은 도시 농부 체험 이외에도 일상에서 손녀의 돌봄지기 역할을 맡고 있는 걸로 알고 있다. 날마다 손녀의 등하교를 돕는 역할이다. 그의 손녀 사랑은 가족 사랑으로 이어진다.

스스로 잠든다는 게
바로 이것이구나
하품 한 번 하더니
머리를 어깨에 기대어
눈을 감는다
자장가 노래 한두 번에
저만의 꿈 여행 하겠지

부디
네가 하고 싶은
즐겁고 행복한 일이
꿈이 되길 바란다

앞으로 네가 살아갈 세상

아무도 모른다

나 역시 가 보지 않은 길

희망을 가슴에 품고

용기 있게 나아가길 기도한다

- 「손녀의 꿈」 전문

  손녀의 잠든 모습을 보고 손녀의 미래와 자신이 앞으로 나아가야 할 길을 생각한다. 그 길은 "가 보지 않은 길"이다. 미래는 누구나 예측할 수 없기 때문에 불안하기도 하지만 희망이 있다면, 당당하게 나아갈 수 있는 용기가 생겨날 것이다. 불확실한 시대, 지속 가능 발전을 위한 손녀의 앞길이 순탄하길 그는 기도한다. 손녀 사랑이 지극하기 때문이다.

  최근 우리나라의 출산율이 최하위라고들 한다. 젊은 이들의 결혼 기피로 인한 인구 감소는 국력의 약화를 가져온다. 그래서 그는 걱정한다. "오늘/우리가 묻고자 하는 것은/소멸이 아니라/너와 나의/진정한 관계라고" 「소멸(掃滅)」이 되지 않기를 바라는 것이다.

  노년기에 이르면 건강이 최우선이다. 조금만 과격

한 운동을 하거나 무리해 일하면 몸에 이상 신호가 온다. 그는 "팔이 아파 병원을 찾았다/생전 처음 정형외과에서/X-ray 사진을 찍었다/사진 속 관절 부분이 선명하다"「깨끗함」으로 팔이 아파 X-ray 사진을 찍으면서 편리한 현대의학 기술로 "깨끗한 몸 못지않게/깨끗한 생각도/사진을 찍을 수 있다면 좋겠다"라고 보이지 않는 진실에 대한 깊은 사색을 추구한다. "늘 마음 넉넉한 이가 부럽다/누가 뭐래도 느긋하게 안아 주는 이가/믿음직하다"라는 인간으로서의 「여유」로운 마음으로 「사랑하는 사람」에게 "우리가 연인이라면/하늘에 감사하고/우리가 친구라면/이 땅에 감사하고/우리가 가족이라면/이 세상 자연과 함께/서로가 지켜 주는 사랑을 잃지 않기를" 바란다고 조언한다.

　우리가 사랑하는 사람을 만나는 것도 각 개인의 자유 의지에 의한 「선택」에 의해 결정되는 것이다. 그는 「선택」으로 맺어진 인연을 소중히 한다. "장모님이 해 주신 가죽나무 나물은/그 기억의 끈이다/별다른 재료 첨가 없이 만든/나물무침의 향은 독특하여/씹을수록 쌉쌀하고 고소하다" 하는 「어머니의 맛」을 떠올리며, 인격적으로 「원숙함을 위하여」 "늘 현실은 불완전하고/미래 역시 변화의 물결이/넘치고 있다"라며 「삶」을 알뜰하게 살아가고 있다.

물질 위주의 가치관이 지배하는 현대 사회는 날로 각박해지고 있다. "비정한 부모의 이기적 사랑에 가슴을 칩니다/우리가 눈을 떠 세상을 바르게 살아가는 것은/배움이 전부가 아니었습니다/그 어떤 물질의 풍요도 아니었습니다"「몰래 주는 사랑」으로 「MBTI 심리검사」의 16개 유형의 성격에 맞추어 "가치 있는 인생"을 살아가기를 바라는 것이다.

사람은 타고난 성격대로 살아간다. 서로 만나고 헤어진다. 사람이 만나 인간관계를 맺을 때에는 서로가 상대방이 들어올 마음의 「틈」을 주어야 한다. 그렇지만 노년기에 거동을 할 수 없으면 요양원으로 간다. 요양원에 어머니를 남겨 두고 「반보기보다 못한 만남」을 하는 딸과 어머니의 사례를 소개하고 있다. "홀로 요양원에 남겨 둔 채/그리운 식구들과 생이별을 견디는/어머니는 무슨 죄일까/자녀들의 아픔은 무슨 벌일까/반보기보다 못한 만남에/생각이 많아진다/건강, 가족, 만남 그리고 사랑"「반보기보다 못한 만남」이 오늘날 가족이 겪는 아픔이다.

그는 "내가 걸어야 할 길이/한 폭의 수채화로 다가선다"라는 「자서전」을 쓰며 "오늘을 열심히 살아야 하는 이유/비록 무거운 짐일지라도/나만의 자존심이/버티고 있"는 것이다. 그는 오늘도 노년기 가족 사랑의 일상과 역할을 충실히 하며, 나아가 사회적 약자에 대해 관심과 사랑의 눈길을 보낸다. "하루하루를 힘들게 보내는 이들이 있습니다/다가올 시간이 두려워 피하고 싶을 뿐입니다/매일이 고통이고 사람이 무섭습니다/눈조차 단 몇 초도 마주치지 못합니다/따뜻한 손길이 닿지 않습니다" 「아는 만큼 보인다고요?」라고 사회적 약자에게로 사랑을 확장해 가는 것이다.

까치가 높은 아까시나무 위에 집을 짓고 새끼를 정성껏 돌보는 것을 보고 까치의 지혜에 대한 깨달음을 진술한 「까치집」, 성경의 말씀에 나오는 무화과의 이야기를 통해 "자신의 부끄러움을/아는 일엔 진정한 용기가 필요하다"라는 깨달음으로 오늘날의 사회 실태에 대한 안타까운 마음을 전하고 있다.

3) 도전과 경험의 인생철학 – '제3부 내 청춘의 "큐"'

젊은 시절 그는 늘 「가 보지 않은 길」에 대한 호기심과 도전이 그를 두려움 없이 나아가게 했다. 그것은 그가 너무 「순수」했기 때문이다. 음악, 미술, 서예, 마라톤 등 취미가 많은 그는 혼자서 또는 여럿이 어울리기를 좋아한다. 당구도 그중 한가지다. 취미 삼아 여가를 보내며 스트레스를 해소한다.

당구의 매력은 무엇인가
고도의 집중력과 근력 운동은 물론
여가 생활의 한 부분이다
공은 당구대 안에서 일정한 궤적을 그리며 구른다
인생에서 내가 가고 싶은 길을 걸어가듯
공 역시 제멋대로 구르며 나아가지 않는다
당구대는 우리가 사는 가정, 직장, 사회이다
당구봉과 당구알은 내가 갈고닦은 적응 능력이다
일정한 규칙과 매너는 사회의 규율과 예의범절이다
어제 처음 만난 청년과 즐겁게 게임을 했다
하얗게 머리가 센 노인과
혈기 왕성한 젊은이와의 게임이
내 청춘의 모습인 듯 귀한 시간이다

- 「내 청춘의 "큐"」 전문

"고도의 집중력과 근력 운동"이라 할 수 있는 당구를 노년기에 취미 활동으로 하는 사람들이 많다. 그가 말하는 당구 인생철학은 다음과 같다.

"당구대는 우리가 사는 가정, 직장, 사회이다/당구봉과 당구알은 내가 갈고닦는 적응 능력이다/일정한 규칙과 매너는 사회의 규율과 예의범절이다"

그는 당구 게임 중요한 것은 「길」을 잘 찾는 것이라고 말한다. "나름대로 길을 잘 찾아야/게임에서 이긴다" 「길」 찾기는 그의 당구로 본 인생철학이다.

"전화벨 소리가 반가울 때가 있다/하루에도 수십 번 울리는 부름에/내가 살아 있음을 실감한다"라는 「무소식」은 노년기에 겪는 자화상이다. 「무소식」이 희소식이 아니라 쓸모가 없어 밀려난 소외감을 극복해야 함을 강조하고 있다.

동서고금을 통해 인간은 자신의 미래를 알고 싶어 한다. 현대에 와서 과학적인 16개 성격 유형으로 "결혼, 취업, 재산, 수명, 명예를 갖고 싶은 이들이/현대 과학 문명에도 존재한다" 「팔자 공부」, 「MBTI 심리검사」를 하는 사람도 있다.

그는 텃밭에 「조롱박」도 심고, 「맷돌 호박」도 심으며

가을이면 「가을 편지」를 쓴다. 「코스모스」가 한들한들 아름다운 과거를 떠올리게 하다가 어느새 「가을이 간다」. 해마다 반복되지만 이제 속도가 무척 빨라졌다는 것을 실감하며 누구나 피할 수 없는 삶과 죽음, "한 시대의 격정과 혼란, 사랑 속에서" 돌아가신 부모님을 생각한다. (「통과 의례」)

그리고 젊은 시절을 반추하며 시를 쓰고 있는 자신의 모습을 진술한 「시 쓰는 늙은이」, 어떻게 살아가야 하는 것이 옳은 일인가 생각하며 열심히 살다 보면 나무는 자라서 「닿을 수 없는 나뭇가지 끝」에 생각이 머물게 된다는 철학적인 사유, 불확실한 시대일수록 "항상 주님이 저와 함께 계시어/힘을 주시길 기도합니다"라고 기도함으로써 하루하루를 기쁨으로 충만된 삶을 살아가야 하는 신앙인의 자세를 진술한 「기도」, 인도의 갠지스강에서 장례를 치르는 모습을 보고 삶과 죽음에 대한 철학적인 사유를 진술한 「삶의 시작과 끝」, "왜 남의 인생을 사는가?/왜 나답게 살지 못하는가?/우리의 인생 끝은 어떤 모습이어야 하는가?"라는 물음에 대한 철학적인 사유를 통해 자유 의지로 주체적인 삶을 살아가는 것이 현명하다는 깨우침을 진술한 「늙어 갈 용기」 등 살아오면서 깨달은 시인의 인생철학을 진술했다.

4) 인생에 대한 깊은 통찰 – '제4부 달맞이 공원'

그는 교직에 오랫동안 몸담았으며, 주경야독하였다. 교육대학을 졸업하고 초등학교 교사가 되어 전라북도 부안에서 발령을 받아 아이들을 가르치고 경기도로 옮겨 와 교직을 마치고 또다시 박사 과정을 마쳐 대학 강단에 섰다. 그의 성실한 주경야독, 도시 농부, 다양한 취미 활동, 서각, 서예, 시작 활동 및 문인 단체 활동 등 다양한 분야에서 멋진 생활을 즐기며 살아왔다. 이제 그는 고양에서 뿌리를 내리고 도시 농부와 동양 철학과 교육학 연구를 하면서 매일 깨어나는 생활을 하고 있다.

산책을 하는 날
1시간 반 정도의 낯익은 코스가
부담스럽지 않다
의자에 꾹 눌러 앉아 생각하는
답답함이 없다

무거운 생각을 떨쳐 버리기 좋다
그 옛날 달맞이를 하면서 소원을 빌던
선남선녀들이 부럽다
두 뺨을 바람에 맡기며
둥근달을 삼킨다
나의 바람이 몸속 구석구석
아우성이다

- 「달맞이 공원」 전문

「달맞이 공원」은 강 시인이 살고 있는 풍동 주위에 있는 공원이다. 그는 수시로 이 공원을 산책하면서 어린 시절 살았던 고향 군산, 동네 친구들과 오르내리던 「월명산」을 떠올린다. 「인간 스펀지」처럼 "오랜 시간이 걸려 자연을 알게 된다면/벌거벗은 자연의 생명을/어린이의 스펀지로 모두 담아 두고 싶"은 것이다. 그의 학창 시절 "군산에 가면 가 볼 곳이 있다/비록 포구 이름이지만 해학적이다/원래 여러 포구 중 하나로/옛 명성은 사라졌지만/그 이름을 기억하는 이들은 아직도/비린내 나는 선창가를 잊지 못한다"라는 「째보선창」의 비린내를 잊지 못한다. 미국의 소설가 너대니얼 호손의 『주홍글씨』를 읽고 가혹한 운명의 주인공 「A를 사랑한다」에서 진정한 사랑과 용서를 갈망한다. 헤밍웨이의 「노인과 바다」에서 산티아고의 집념, 또한 부모의 욕심으로 자녀가 희생양이 된 「영화 '샤인'」의 안타까움, 사랑의 실천으로 인간 승리의 감동 신화를 창조한 「헬렌 켈러와 앤 설리번」 등 과거는 행복과 고통의 순간들 모두 아름답게 가슴에 남아 가끔 외로울 때 가물가물 파노라마로 펼쳐지곤 한다.

그는 농장 새싹이 움트고 열매 맺는 과정을 지켜본다. "시간은 말없이 흐르고/어느덧 너른 들 시원한 바람이/하우스 안 8월 달력을 넘긴다" 「월야탁족(月*夜濯足*)」처럼 농사일을 밤늦게까지 하고 달밤에 발을 씻기도 한다. 그런 여름이 지나면 수확의 기쁨을 누리는 가을이 오고, 겨울 아침 텃밭 농장에 내린 「잣눈」을 보며, "밤새 쌓인 잣눈이/땅을 덮어 주는 솜이불"이라는 생각을 해 본다.

그는 틈틈이 여행을 즐긴다. 「한반도의 배꼽」이라고 말하는 양구를 정월 대보름 행사 때 가서 "윷놀이와 제기차기, 쥐불놀이/그리고 달집태우기" 체험을 했던 기억을 떠올린다. 그리고 「인구 절벽」으로 암담한 우리나라의 「내일」을 걱정하며 「고목생화(枯木生花)」를 생각한다. "죽어 가는 순간에 새로운 생명을 만들기도" 하고, "자신이 말라죽은 몸뚱이에 새로운 꽃을 피우기도" 하는 나무처럼 "남보다 많은 걸 받지 못했다고 투정"을 부리기도 했지만 열심히 살아온 자신, 즉 '성실하게 걸어온 인생에 대한 잡다한 생각들'을 떠올리며 자신을 되돌아보는 것이다.

3. 생각 없는 세상을 향한 조용한 외침

강진구 시인은 늘 꿈꾸는 시인이다. '구르는 돌에는 이끼가 끼지 않는다'라는 속담처럼 무엇인가 주어진 길을 성실하게, 그리고 평범하게 살아왔고, 살아가는 소시민이다. 그의 이력과 취미는 다양하다. 그는 여러 길을 걸어왔다. 전직 대학교수, 시인, 수필가, 농부, 서각가, 종교인, 문화재 해설가, 손주 돌봄지기, 문인 단체장 등 많았으나 그는 아직도 버킷 리스트가 남아 있다. 앞으로 수필과 평론, 교육이론서 등이 제자들과 선후배들에게 멋진 선물이 되기를 바랄 뿐이다.

그의 시는 진솔하게 현재의 생활 모습을 꾸밈없이 진술하고 있다. 또한 불확실한 시대에 달관적으로 세상을 바라보며 생각 없는 세상에 대한 조용한 외침으로 우리를 깨어나게 한다.